AF331970

OBSERVATIONS

SUR

L'ACTE CONSTITUTIONNEL,

Par M. le Chevalier HENNET,

Premier Commis des Finances, Commissaire-Général
du Cadastre.

S'IL est une époque où tout Français peut
et doit exprimer librement sa pensée, c'est
celle où le corps politique se régénère, où
l'ancien gouvernement n'est plus, où les
formes du nouveau gouvernement ne sont
pas encore déterminées.

Par un esprit de modération, de sagesse
et d'humanité, dont les annales du monde
n'avaient point encore offert d'exemple, le
Souverain d'une grande nation, libre d'en-
trer en conquérant dans Paris, s'arrête aux
pieds de ses murs, laisse les ombres de la
nuit couvrir sa victoire, et attend au jour
pour ne montrer aux Français qu'un allié,
un ami, un bienfaiteur; deux autres Mo-
narques partagent ses sentimens, comme ils

A

avaient partagé ses dangers et sa gloire. Tous trois ne désirent, pour prix de plusieurs années de guerre, que de rendre la France à la paix, au bonheur; c'est-à-dire à ses légitimes souverains.

Cependant telle est la généreuse délicatesse de l'immortel Alexandre, qu'il ne veut pas même contraindre les Français à devenir heureux. Il les rend eux-mêmes les arbitres de leur sort, et les laisse achever un ouvrage dont la postérité, malgré lui-même, le nommera toujours l'auteur.

Mais à quels Français s'adressera ce Monarque pour connaître le vœu de la France? La nation n'a d'autres représentans élus par elle que les députés au Corps-Législatif, et ce corps est dissous; la majorité de ses membres sont absens. La municipalité de Paris, son collége électoral ne peuvent émettre que le vœu d'une ville, et il faut celui de la nation.

Alors se présente aux regards de l'illustre médiateur un corps qui précédemment était le premier de l'Etat; un corps qui, à la vérité, ne représente nullement la nation, puisqu'il ne tient d'elle ni ses titres ni ses pouvoirs; mais qui, du moins, parmi ses membres, en compte près d'un tiers pris dans les candidats nommés par les colléges électoraux. Ce corps, c'est le Sénat. C'est à lui que s'adresse l'Empereur de Russie.

Le succès a justifié ce choix : tous les Français ont écouté les décrets du Sénat, sans examiner s'il avait droit de les rendre ; tous l'ont cru le représentant du peuple Français, dès qu'il a su exprimer ses vrais sentimens, son véritable vœu. Bonaparte et l'armée ont obéi ; et le suffrage de la nation a donné, après coup, un titre au corps qui avait si bien saisi et rendu sa pensée. La déchéance de Napoléon et le retour aux Bourbons, tout est devenu légal, parce que tout a été sanctionné par l'opinion publique.

Peut-être ces deux premiers décrets suffisaient-ils. Mais l'auguste intermédiaire de ce grand évènement avait lui-même invité le Sénat à poser les bases d'une monarchie tempérée ; une monarchie tempérée était dans les vues de Louis XVIII ; le Sénat pouvait donc, devait même s'occuper d'une constitution.

Mais la constitution d'un état ne se délibère point ; elle est l'ouvrage du tems et du caractère national ; elle se forme d'elle-même, se développe, se perfectionne, se consolide.

Parcourons tous les peuples anciens et mo-
dernes, leur constitution ne consiste point
en une charte antécédente à la formation du
corps politique ; c'est un recueil des lois,
coutumes et usages, que le tems a successi-
vement amenés et consolidés.

La constitution décrétée par le Sénat n'est
donc et ne peut être qu'un projet. Le Sénat
le reconnaît lui-même, puisqu'il le soumet à
l'acceptation du Roi et à la sanction du peuple ; or, il serait dérisoire de ne soumettre
au souverain et à la nation qu'un acte irré-
vocable, et sur lequel l'un et l'autre ne pourraient émettre aucune opinion.

Aussi le Prince tant aimé qui le premier a
ramené aux regards des Parisiens les traits
chéris et non oubliés d'une famille qui fit si
long-tems leur bonheur, le Prince dont les
moindres paroles portent l'empreinte d'un
esprit aussi juste qu'éclairé, dont toutes les
réparties sont l'inspiration rapide d'un cœur
généreux et d'une âme aimante, ce Prince
n'a fait que donner au Sénat l'espoir de voir
son auguste frère accepter les bases essen-
tielles et fondamentales du projet de constitution, sans parler des développemens ac-

cessoires et secondaires qui tiennent aux localités et aux circonstances.

Français, dévoué à mes légitimes souverains, que je n'ai jamais cessé de regretter, dévoré de l'amour de ma patrie et de l'humanité, je crois, à ces titres, pouvoir élever ma faible voix. Le désir du bonheur de la France est ma seule mission, mais cette mission me semble respectable et sacrée.

Le projet de constitution n'a pas, dans tous ses détails, entièrement rempli l'attente publique; et il me semble qu'on ne peut en faire un reproche au Sénat; on doit l'applaudir, au contraire, d'avoir approché si près du but dans les points essentiels, et ne pas s'étonner qu'un travail aussi important, ouvrage de deux jours, rédigé au milieu des agitations les plus vives, des émotions les plus douces, ait présenté quelques imperfections.

Pressé aussi par le tems, et le cœur encore ému de mille sensations délicieuses, je vais présenter quelques observations sur les articles de ce projet, avec le peu de liberté d'esprit que je puis avoir dans ces jours d'ivresse et d'exaltation.

L'article 1er. porte que « le Gouvernement » français est monarchique et héréditaire,

» de mâle en mâle, par ordre de primogéni-
» ture ». Cet article est bien ; il ne fait que
reconnaître un point de fait, et rappeler ces
lois fondamentales de l'ancienne monarchie,
qui ne furent jamais écrites que dans les
cœurs des Français.

Par l'article 2 : « Le peuple Français *ap-*
» *pelle librement* au trône de France Louis-
» Stanislas-Xavier, *frère du dernier Roi* ».

Il est évident ici que la précipitation a en-
traîné les rédacteurs ; cet article n'est consé-
quent ni avec le premier, ni avec lui-même.

Le premier ne dit pas que le Gouvernement
sera, mais qu'il *est* héréditaire ; donc Louis-
Stanislas-Xavier est de droit Roi de France ;
l'article 2 lui-même le qualifie *frère du der-*
nier Roi ; ce dernier Roi ne laisse point d'en-
fant, donc son frère aîné, son héritier naturel, est de droit Roi de France ; donc le peuple
Français ne l'*appelle* pas, il ne le *rappelle*
même pas, il le *reconnaît*, ce qui est même
surabondant, puisqu'il l'a reconnu en con-
sacrant par l'article 1er. le droit d'hérédité.

Ce n'est pas pour Louis XVIII que je ré-
clame contre cette disposition : peut-être son
âme noble et généreuse trouverait-elle plus
doux d'être appelé par les Français ; peut-

être leur amour lui paraîtrait-il un titre plus précieux que son droit héréditaire. Mais l'intérêt de ses successeurs et la tranquillité future de la monarchie exigent que tous ses droits soient parfaitement précisés. Proclamons que nos vœux le redemandent, mais écrivons que les lois le rappellent.

L'article 2, conséquence immédiate de l'article 1er., qui concerne l'hérédité, me paraîtrait donc devoir être ainsi conçu :

« Cette loi fondamentale, d'accord avec le » vœu unanime du peuple Français, rap-» pelle au trône de France Louis-Stanislas-» Xavier, etc. »

L'article 3 confirme l'ancienne et la nouvelle noblesse, et me paraît parfaitement juste ; mais sa rédaction me semble aller contre le but qu'il veut atteindre.

La noblesse consiste toute dans l'opinion, sur qui la loi même ne peut prévaloir ; c'est l'opinion qui transmet, aux descendans des grands hommes, des hommes utiles à leur pays, la récompense des services de leurs aïeux. Elle préjuge que le sang généreux d'un brave guerrier, d'un magistrat célèbre, d'un grand homme d'état, coule encore dans les veines de leurs enfans.

Ils ont aussi fait de belles actions, ceux qui ont obtenu la nouvelle noblesse. Il me paraît convenable que les deux noblesses tiennent du Souverain un titre renouvelé; et que toutes, dans leur renaissance, ou plutôt dans la continuation de leur existence, paraissent ressortir d'une souche commune, le Roi.

Qui pourrait alors méconnaître ce que le Souverain, et un Souverain chéri, aurait reconnu lui-même? Quel noble pourrait chercher à jeter de la défaveur sur un titre semblable à celui dont lui-même serait revêtu.

Ce renouvellement des titres est d'autant plus naturel, que plusieurs anciennes familles ont perdu les leurs pendant la révolution.

Je crois donc que l'article 3 du projet de constitution irait mieux à son but s'il était conçu en ces termes :

« Le Roi se fera représenter les titres et les
» droits des nobles, tant anciens que nou-
» veaux, et leur accordera des lettres-pa-
» tentes signées de Sa Majesté et enregistrées
» dans les deux chambres ».

Il me semble parfaitement inutile d'expliquer, par l'article 4, que le pouvoir exécutif appartient au Roi. C'est dire que le Roi est Roi. De plus, ne pourrait-on pas en inférer que nul autre pouvoir ne lui appartient, lorsque le projet même lui donne une part dans le pouvoir législatif ; lorsque la justice se rend en son nom ; lorsqu'il a le pouvoir de faire grace, ce qui est un acte de volonté, et non de simple exécution ?

L'article 5 est de la plus haute importance ; et peut-être cette importance même est cause qu'il y règne un peu d'obscurité.

L'intention est claire : les auteurs ont voulu que les lois fussent proposées, discutées, adoptées par les deux grands corps de l'Etat, et présentées au Roi, pour être, par Sa Majesté, adoptées ou rejetées.

Ici je soumets quelques réflexions aux lumières supérieures des hommes courageux qui, dans des circonstances encore incertaines, se sont chargés de la brillante mais difficile mission d'émettre le vœu du peuple français ; et qui, sacrifiant leur amour-propre à l'impatience de la nation, ont livré en deux jours un acte constitutionnel que de plus longues méditations leur eussent permis de perfectionner.

Il semble résulter de l'article 5 que tout

orateur de l'un des deux corps peut proposer une loi. Ces deux corps sans doute seront toujours en général bien composés ; mais ne peut-il pas arriver qu'un de leurs membres, égaré, mal intentionné même, jette en avant une proposition, qui, avec quelqu'apparence de popularité, serait réellement dangereuse au repos public. Convient-il de mettre l'un ou l'autre corps dans la nécessité de rejeter ce que l'opinion séduite du peuple aurait saisi avec avidité ? Ou, si la loi passait, convient-il d'exposer le Monarque à arrêter, par son *véto*, une idée que la nation aurait imprudemment adoptée ?

N'avons-nous pas vu, dans nos précédentes assemblées nationales, de funestes exemples de ce droit de jeter en avant les motions les plus dangereuses, et qui peuvent devenir des brandons de discordes civiles ?

Il me semblerait préférable de se rapprocher de l'ordre ancien, de laisser au Roi la proposition et la première rédaction de la loi. Les deux chambres l'examineraient, la discuteraient, pourraient l'adopter ou la rejeter, ou y demander des modifications. C'est ainsi qu'autrefois un édit du Roi n'avait force de loi qu'autant qu'il était enregistré par les parlemens.

L'article 5 serait, il me semble, mieux adapté au caractère national, s'il présentait la rédaction suivante :

« Le Roi rédige les lois et les adresse aux
» deux grands corps de l'Etat, qui les exa-
» minent, les discutent, et y demandent les
» modifications qu'ils jugent utiles. Les lois
» ne sont exécutoires qu'après leur enregis-
» trement dans les deux chambres. »

Me voici arrivé à l'article le plus délicat du projet : la composition du Sénat. Il me semble qu'on ne l'a pas assez envisagé sous les rapports politiques.

Premiers instrumens de l'heureuse révolution qui vient de s'opérer, il était juste que les sénateurs actuels continuassent de siéger dans un corps à qui l'on avait de si grandes obligations ; il était utile de les laisser consolider leur ouvrage.

Il fallait cependant que le Sénat fût à l'avenir composé de membres héréditaires, à qui leur fortune permît de soutenir leur rang avec dignité.

Mais beaucoup de sénateurs, très-estimables par leurs qualités personnelles, se seraient trouvés exclus par le seul fait d'une

fortune dont la modicité ne peut-être contre
eux un sujet de reproches.

S'il était juste de les conserver dans le Sénat, il l'était de leur donner les facultés né-
cessaires à cette conservation ; et tel était le
but louable de ceux qui ici encore ont sacrifié
leur amour-propre au bien public, et ont
mieux aimé s'exposer à paraître trop favo-
riser les sénateurs actuels, que de risquer de
former un Sénat tout renouvellé par des
membres honnêtes et éclairés, sans doute,
mais long-tems étrangers aux affaires publi-
ques, et qu'il eût été impossible peut-être de
porter à un nombre convenable.

Il est connu aujourd'hui que la proposition de l'article 6, sage en elle-même, du
projet de constitution, a trouvé des opposans
dans les parties intéressées. Il me semble que
son vœu serait mieux rempli par la rédaction
suivante :

« La dignité de sénateur est inamovible et
» héréditaire, de mâle en mâle, par ordre de
» primogéniture ; ils sont nommés par le Roi,
» et n'ont point de traitement ; le Roi pourra,
» sur les biens de la dotation du Sénat, assu-
» rer des revenus convenables à ceux des sé-

» nateurs actuels que Sa Majesté voudra
» nommer ».

C'est ainsi que le sort des sénateurs actuels, abandonné à la justice, à la reconnais-
sance, à la générosité du Monarque qu'ils
ont les premiers solennellement proclamé,
n'en deviendra que plus sûr et plus durable.
Ce qui sera effacé de la constitution sera écrit
dans le cœur de Louis XVIII ; et ce titre vaut
mille fois mieux que l'autre.

Une partie de ces considérations s'appli-
que au Corps législatif : il est juste de conserver aux membres actuels leurs traite-
mens ; c'est une dépense qui s'éteindra dans
cinq ans.

Il me semble seulement que le titre de
Corps législatif n'est pas une expression
juste. Le vrai corps législatif se compose des
trois membres qui concourent à la formation de la loi; le Roi et les deux chambres.
On pourrait nommer la première *les représentans héréditaires ;* la seconde, *les représentans électifs.*

Les autres articles sont moins importans.
Les 8ᵉ., 10ᵉ·, 13ᵉ. et 19ᵉ. me paraissent inu-
tiles. Il serait peut-être convenable que le
dernier se bornât à dire que la constitution

sera soumise à l'acceptation du Roi et du peuple français.

Telles sont les observations que m'a fait naître la lecture de l'acte constitutionnel; et j'ose espérer que le motif qui les a inspirées, et la modération qui les a écrites, feront ex-cuser les défectuosités, les imperfections qui peuvent s'y rencontrer, et qu'on y trouvera du moins les intentions pures et conciliantes d'un bon Français dévoué à son Souverain et attaché à sa patrie.

FIN.

De l'Imprimerie de TESTU, rue Hautefeuille, n°. 18.